ふなっしーの本

著：ふなっしー

ふなばしアンデルセン公園

サービスセンター

空も飛べる
はずなっしー！

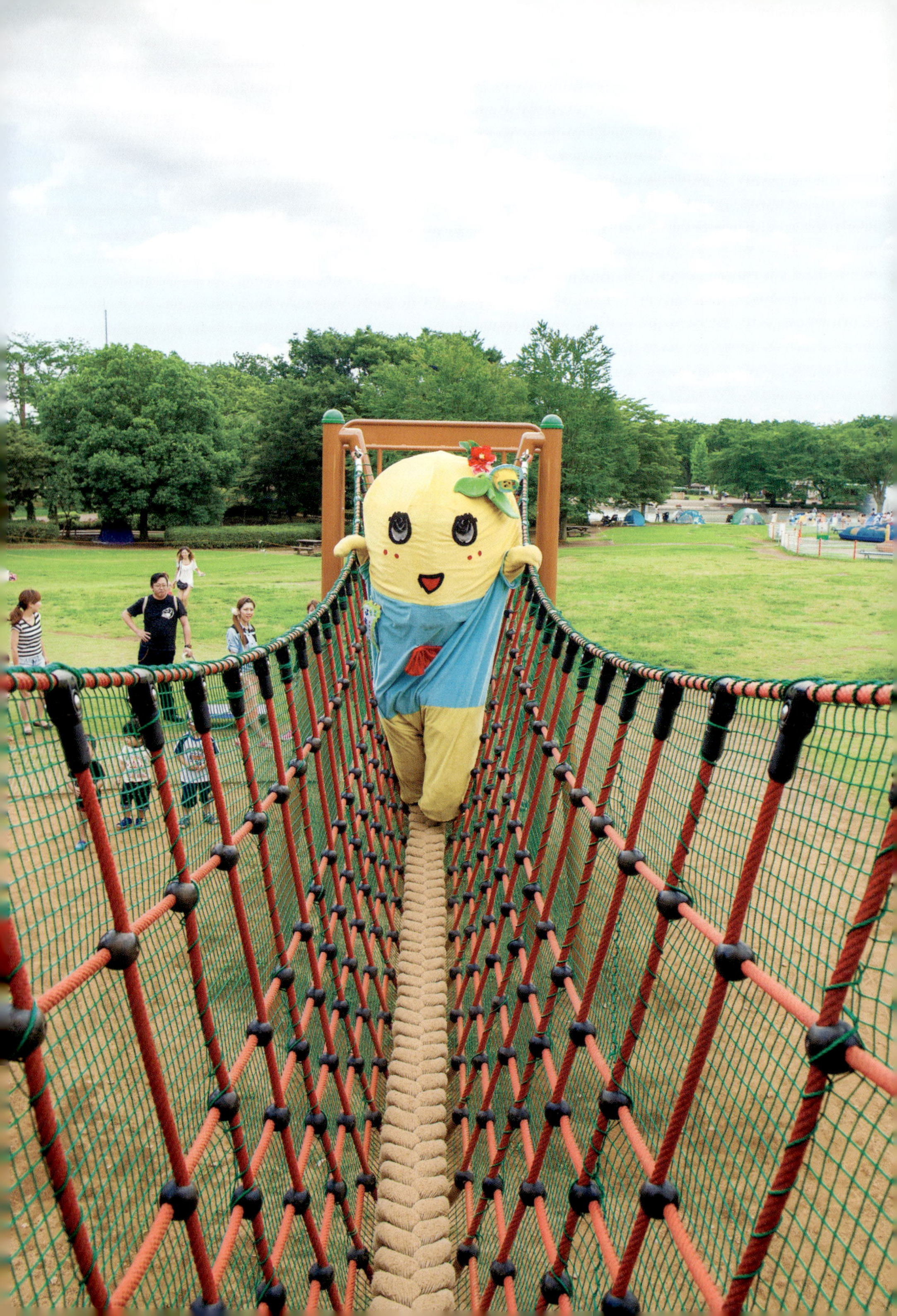

体が大きくて

渡りにくいなっしー

アンデルセン公園は広くてノビノビできるなっしー。子どもたちに囲まれて人気者だったなっしー。でもヒャッハーしたら逃げられたなっしー。悲しいなっしー。

ふなっしー
ふなばしし

6

ついにふなっしーの
ファンブックがでたなっしー♪
果肉と梨汁がいっぱい詰まった
梨のようなジューシーなファンブックに
なったなっしよ♪
みんなで楽しく見てくれなっしー♪
梨汁ブシャー:;:..,*;

ふなっしー

もくじ

免許
普通自動車免許
梨汁噴射免許乙型
梨式格闘術　黒帯
船橋の梨伝道師
A級2段ジャンパー
ひとりで勝手にイベント参加　五段

自己PR

この活動を通じて、
みんなを幸せにしたいなっしー
笑顔がみられたら
それが何よりうれしいなっしー
いつも船橋のみなさんに
お世話になっているので、
船橋と被災地のみなさんと、
それ以外の全国のみなさんに
いっぱいよろこんでもらうなっしー

ジャンプが得意なっしー
スポーツも結構こなせるなっしー
口が悪くて虚言癖があるけど、
案外素直なっしー
あと喋るのも得意だから
いろんなイベントでもりあげられるなっしー
ヒャッハー！　返り血ブシャー!!

ふりがな	ふなっしー	
氏　名	**ふなっしー**	
たんじょう日	7月4日	
住所	千葉県船橋市274	

学歴・職歴		
138年	7月	梨妖精界にうまれたなっしー。 うまれたっていうか樹になったなっしー
2011年	11月	twitterをはじめたなっしー
2012年	1月	1500フォロワーあつまったなっしー
2012年	4月	梨神様にいわれて景気回復と船橋名産の梨を PRするために地上に来たなっしー
2012年	6月	一日店長の依頼がきたなっしー
2012年	7月	ふなばし市民まつりに勝手に参加したなっしー
2012年	8月	船橋の梨PRイベントにいったなっしー
2012年	10月	みんなでサッカーしたなっしー
2012年	10月	みんなでプロレスしたなっしー
2012年	12月	ラジオにでたなっしー
2013年	1月	ご当地キャラ新年会にいったなっしー
2013年	2月	テレビにでたなっしー
2013年	2月	CMにでたなっしー
2013年	7月	声優デビューしたなっしー
2013年	8月	ご当地キャラ総選挙で1位になったなっしー

ふなっしーのひみつ!

ふなっしーのいちにち

6:00	日の出とともに活動開始なっしー!
8:00	YouTubeで自分の動画をみるなっしー ほれぼれするなっしー
9:00	午前の仕事なっしー 光合成したりカメムシつぶすなっしー
12:00	お昼ごはんはリン酸なっしー お昼休みのあいだにtwitterをみるなっしー
13:00	午後の仕事なっしー 船橋の平和について考えるなっしー テレビの仕事もたいがいココなっしー ヒャッハ――!!!!
18:00	仕事がおわったなっしー ヘドバンの特訓なっしー 瓦100枚わるなっしー
19:00	晩ごはんなっしー
20:00	つづいて2段ジャンプの特訓なっしー 毎日あすなろの苗を飛び越えてるなっしー
21:00	またまた自分の動画をみるなっしー カメラ映りの角度を研究するなっしー
22:00	夜のtwitterなっしー メンションかえすなっしー
23:00	船橋港でいろんなものと対決するなっしー

ふなっしー大解剖

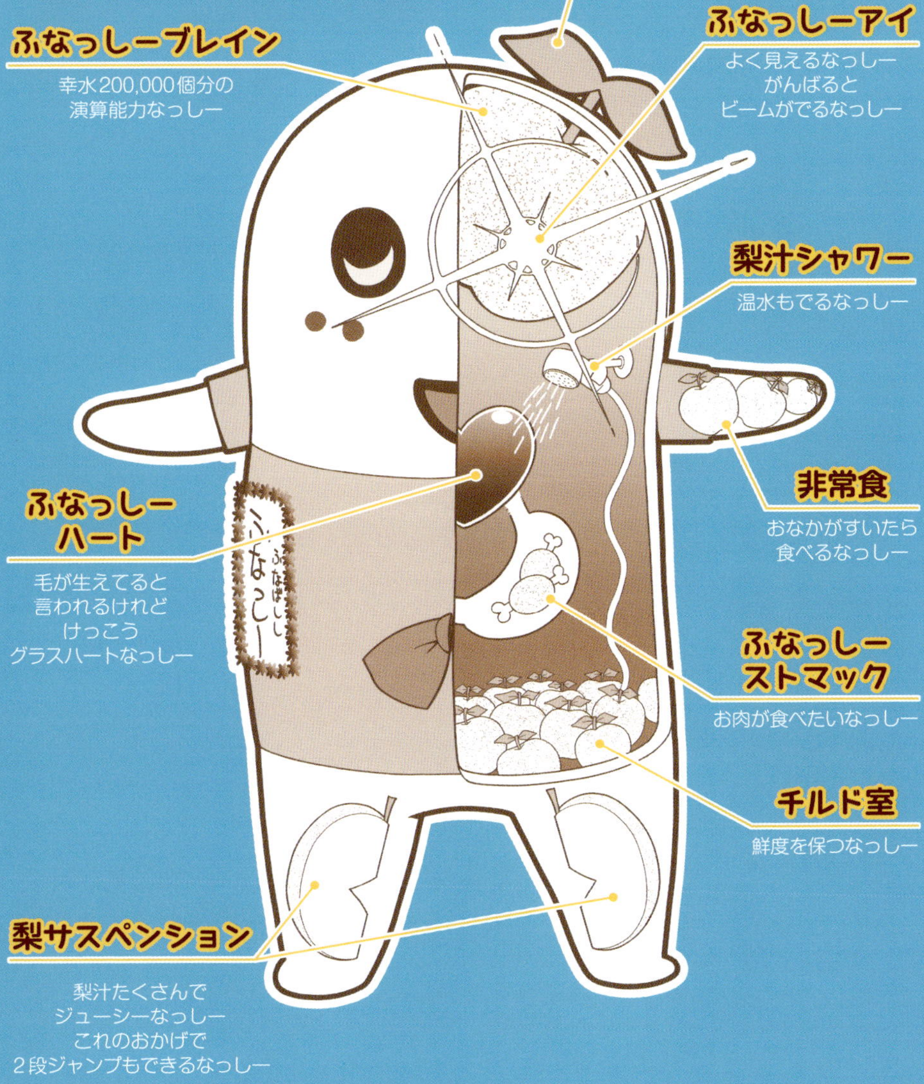
ふなっしーレーダー
まわりの状況を
把握するなっしー
アメダスとも
リンクしてるなっしー
ふなっしーブレイン
幸水200,000個分の
演算能力なっしー
ふなっしーアイ
よく見えるなっしー
がんばると
ビームがでるなっしー
梨汁シャワー
温水もでるなっしー
非常食
おなかがすいたら
食べるなっしー
ふなっしー
ハート
毛が生えてると
言われるけれど
けっこう
グラスハートなっしー
ふなっしー
ふなばし
ふなっしー
ストマック
お肉が食べたいなっしー
チルド室
鮮度を保つなっしー
梨サスペンション
梨汁たくさんで
ジューシーなっしー
これのおかげで
2段ジャンプもできるなっしー

ふなっしー Q&A

虚言癖って言ってるけど言ってる事の何%がうそ？

27.4%

なんでやぶれてるの？

虫に食われたなっしー

なんで、そんなに細かく動けるの？

船橋港で鍛えてるなっしー

ふなっしーは男の子？　それとも女の子？

どっちでもないなっしー

怖がりやさんって本当？

うそなっしー

家族はいるの？（お父さん、お母さん）

梨の妖精界では274体を
梨神様がつくったなっしー
現世では普通の梨の木から
うまれてきたなっしー

胸の赤いリボンと青い洋服らしきものって返り血に入れ墨って本当？

うそなっしー

赤いリボンは蛾がとまっているだけで青い洋服はナウシカのオウムの体液で染め上げたなっしー

274体って兄弟が多いみたいだけど
男の子が多いの女の子が多いの？

男女の区別は
ないなっしー

兄弟はみんな似てるの？

にてる
なっしー

着ぐるみのかえは何着あるの？

いみが
分からないなっしー

好きな食べ物は？

桃、肉、すし、ラーメン

なんでもずくが嫌いなの？

食感がだめなっしー

好きな飲み物は？

カレー

運転免許は持ってる？

もってるなっしー

船橋公認の船えもんをどう思います？

船橋盛り上げる仲間なっしー

関東では人気があるけど、
西日本では人気がないってほんと？

あるみたいなっしー

ふなっしーは友達何人いるの？

274億人くらい
いるなっしー

動きがキレッキレで素早いけど
マッハいくつ？

2.74

だんごムシが好物らしいけど
バッタではダメ？

おっけーなっしー

手が短いね！

おおきな
おせわなっしー

目の下の赤い点々は何？

ミサイルボタン

ふなっしーグッズが沢山でてるけど儲かってるよね！
もう貯金残高は274（ふなし）円じゃないよね！

274兆円なっしー

普段のお仕事は何してるの？

カメムシつぶしてるなっしー

自分の本がでて嬉しいよね！

出版社の目がお金マークになってて嫌なっしー

ジャンプ力がすごいけど滞空時間は？

2.74秒

正直、疲れない？

つかれなっしなっしー

ヒャッハー———!!!!ってぶっちゃけ何？

108の煩悩をすべて浄化させるなっしー

梨汁ブシャー:;:.,*;って
どこからブシャー:;:.,*;してるの？

全身なっしー

ふなっしーの梨汁っておいしいの？　毒性は？

疲労回復にいいなっしー
梨汁ブシャー:;:;,,*+

何処で生まれたの？

ふなばしなっしー

なんで船橋市を応援しようと思ったの？

梨神様からの指示なっしー

船橋はなにがおいしい？

ソースラーメンなっしー

船橋のいいところは？

住みやすくておいしい梨がとれていい街なっしー

船橋のオススメスポット、デートコースを教えて

船橋港なっしー

梨は幸水派？　二十世紀派？

こーすい派なっしー

船橋にオススメのスイーツってある？

ガリガリ君梨味なっしー

主食は何？

窒素　リン酸　カリウムなっしー

なんで返り血を浴びたの?

なにいってるなっしー?

リンゴは好き?

大好きなっしー

洋ナシをどう思う?

くびれがせくしーなっしー

AKB48の推しメンだれ?

右から14番目の子なっしー

視力はいくつ?

2.74

オフの時は何してるの?

自分が映ってるユーチューブみてにやにやしてるなっしー

趣味は何?

アリの巣に水をそそぐことなっしー

ふなっしーin船橋

いろんなところに
いったなっしー

FUNABASHI MAP

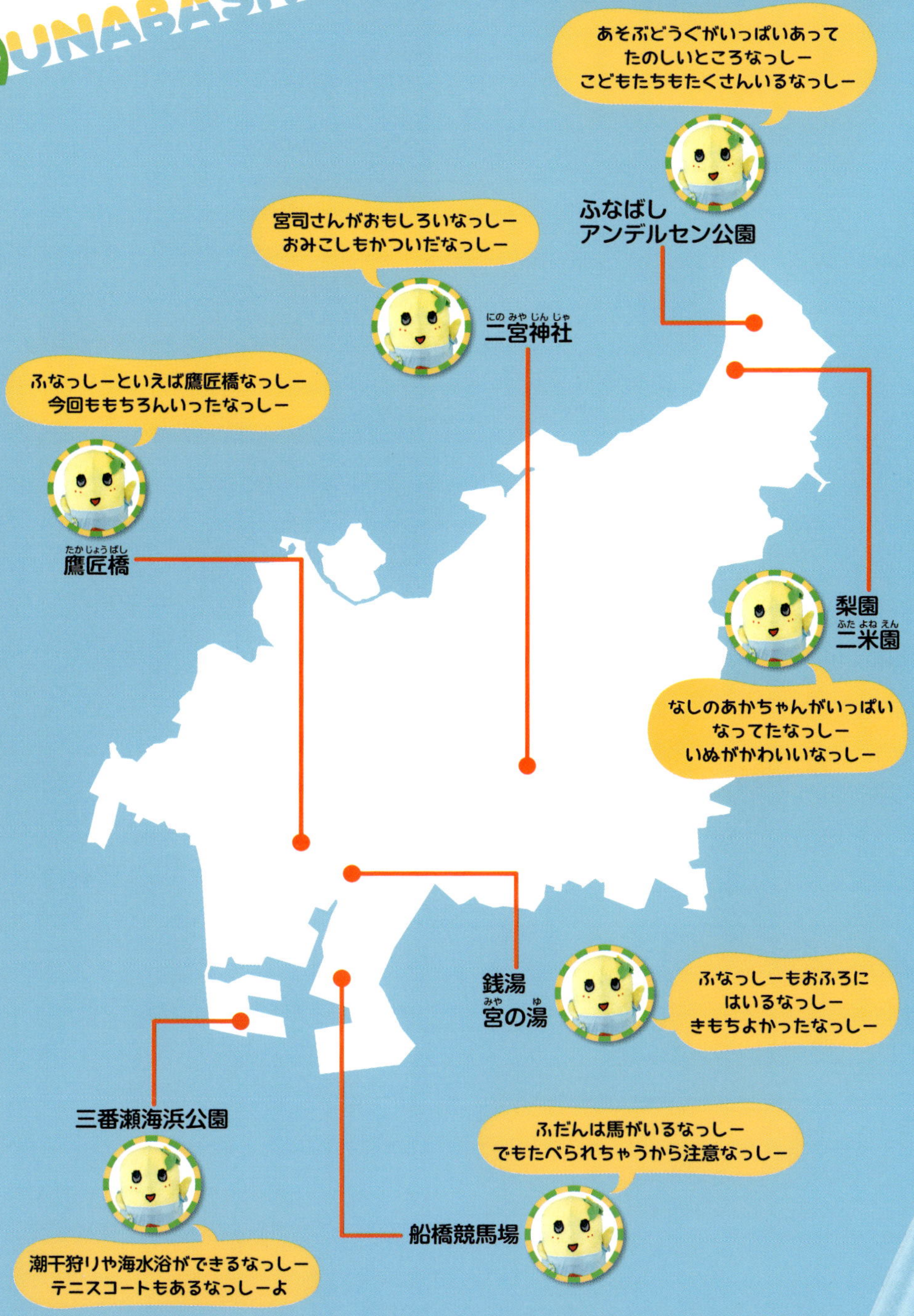

あそぶどうぐがいっぱいあって
たのしいところなっしー
こどもたちもたくさんいるなっしー
ふなばし
アンデルセン公園
宮司さんがおもしろいなっしー
おみこしもかついだなっしー
二宮神社《にのみやじんじゃ》
ふなっしーといえば鷹匠橋なっしー
今回ももちろんいったなっしー
鷹匠橋《たかじょうばし》
梨園
二米園《ふたよねえん》
なしのあかちゃんがいっぱい
なってたなっしー
いぬがかわいいなっしー
銭湯
宮《みや》の湯《ゆ》
ふなっしーもおふろに
はいるなっしー
きもちよかったなっしー
三番瀬海浜公園
潮干狩りや海水浴ができるなっしー
テニスコートもあるなっしーよ
ふだんは馬がいるなっしー
でもたべられちゃうから注意なっしー
船橋競馬場

梨園　二米園《ふたよねえん》

おばあちゃんは

優しいなっしー

100041

ふれあいお風呂の日
スタンプラリーを
はじめよう!
毎月 第2、第4土曜日・祝日
小学生無料の日
☆小学生無料の日☆
おともだちと
銭湯へ行こう!
親子で
銭湯に行こう
5月 5日(土) こどもの日
6月 16日(日) 父の日

銭湯　宮《みや》の湯《ゆ》

料金表
大人 420円 (中学生以上)
中人 170円 (小学生)
小人 70円 (小学生以下)
サウナ料金
男性 100円
女性 50円
子供 30円
サウナ 大人一〇〇円 小人 三〇円
注意 サウナの内にぬれたタオルと水の入ったオケを持込まないで下さい
営業時間
開店 午後3時30分
閉店 午後11時30分

お風呂ダイブは

危険なっしー……

営業時間
開店 午後3時30分
閉店 午後11時30分

入浴する前にごらんください
テルマエ・ロマエ
THERMAE ROMAE
4月28日(土) 全国東宝系ロードショー

宮の湯
男ゆ女
開店 午後3時30
閉店 午後11時30分

← ふなっしー迷言集

ふなっしー

これから 船橋港いってジャッカルとじゃがぽっくる対決してくるなっしー♪

ふなっしー

みんな今日も一日おつかれさまなっしー♪ヾ(｡ﾟ▽ﾟ)ﾉ
みんなのところでこっそり枕元にたって梨汁垂らすかもなっしー♪　気にしちゃだめなっしー

ふなっしー

そろそろ船橋港でふな泳ぎの練習してくるなっしー♪

ふなっしー

そろそろ船橋港いってジャガーと縦笛対決してくるなっしー♪
明日も元気に梨汁ﾌﾞｼｬｰ:;:..,*;

ふなっしー

船橋港からバタフライで秋田へ移動なっしー♪　またなっしー♪

ふなっしー

これから船橋港でワオキツネザルとワオワオ対決してくるなっしー♪　安らぎの梨汁ﾌﾞｼｬｰ:;:..,*;

ふなっしー

みんなーそろそろ船橋港いって皇帝ペンギンと皇帝の座を争ってくるなっしー！ヾ(｡ﾟ▽ﾟ)ﾉ

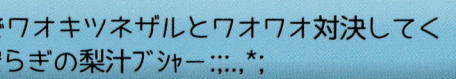

ふなっしー

そろそろ船橋港でマグロとカルパッチョ対決してくるなっしー♪　梨の名にかけて負けられないなっしな！

ふなっしー

そろそろ船橋港にいってイノシシ狩ってくるなっしー♪
毛皮売ってはふーはふーんなっしー♪

ふなっしー

また明日も船橋ヨーカドーでひゃっはーするなっしー♪
じゃ船橋港いって巨大フナムシと鮒寿司対決してくるなっしー♪

ふなっしー

これからちょっと船橋港でシャチと歯ブラシ対決してくるなっしー♪

ふなっしー

そろそろ船橋港いってライオンと歯磨き粉丼試食会してくるなっしー♪

ふなっしー

そろそろ船橋港でクルマエビ蔵と天ぷら対決してくるなっしー♪

ふなっしー

これから船橋港でボルボックスさんとミジンコ対決してくるなっしー♪

ふなっしー

そろそろ船橋港いってプレーリードッグとジェンガ対決してくるなっしー♪

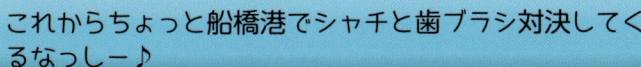

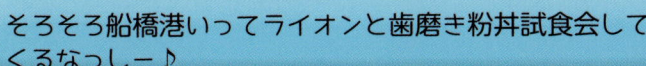

ふなっしー

これから船橋港でエゾシカとナウシカ対決してくるなっしー♪

ふなっしー

そろそろ船橋港でジュゴン捕まえにいってくるなっしー♪

ふなっしー

京都から終電で先頭車両にへばりついて帰ってきたなっしよー♪

ふなっしー

そろそろ船橋港いって野良パンダと笹団子対決してくるなっしー♪

ふなっしー

今日は船橋でクレイジータピオカとココナッツ対決してくるなっし！

ふなっしー

今日も14時間アリの巣に水をそそいでくるなっし♪

ふなっしー

(｡ﾟ▽ﾟ)ｼﾞﾝｾｪｪｨﾜｧｯｧヒャッハァァァァー♪　ﾈﾛｫｫｫｫｫｫータﾏｼｨｨ
ﾇｹﾙﾏﾃﾞｪｪｪー♪ ｹﾂｹﾞｶﾞｱｯｧｧﾇｹﾙﾏﾃﾞｪｪｪ♪

ふなっしー

朝6時に箱に詰められてロンドン出荷される予定なっしー♪
やばい梨汁ﾌﾞｼｬｰ:;:..,*;

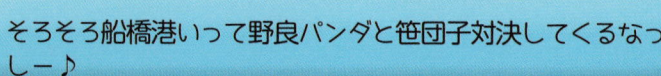

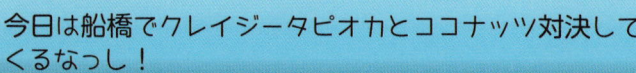

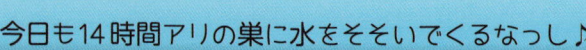

梨になりたい

ふなっしー

Σ！(。;゜▽゜)思い直せ！

ウサギに名前を付けてほしい

ふなっしー

(。゜▽゜)うさぎ汁

雨がふってきたらどうする？

ふなっしー

(。゜▽゜)ヘドバンで雨粒かわす

ヘドバンのコツは？

ふなっしー

(。゜▽゜)己を捨てる

うしろの正面だぁれ？

ふなっしー

(。;゜▽゜)血まみれノーブラじーさん

TVの録画の仕方わからない

ふなっしー

ｸﾜｯ(。;゜▽゜)魂に刻め！

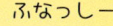

ふなっしーキャラ弁に挑戦！

材料

ごはん…………約220グラム	枝豆…………………………2粒	プリーツレタス…………適量
鶏モモ肉唐揚げ用………1個	卵(1個で作った物の半量)	ケチャップ(糊替り)
お弁当用赤ウインナー…2本	赤パプリカ・海苔・人参微量	パスタの乾麺……2cmを2本
唐揚げ粉……………………少々	(残り野菜の端っこなどでも)	(枝豆固定用)

1 色つきご飯を作る

土台になるご飯を作ります。
今はかけて混ぜれば
ご飯に色が付く便利な
グッズがあるんですね。
今回はその「デコふり」の
青と黄色が揃っている物を
使用しました。

綺麗な色に染まりました。
混ぜる作業は温かいご飯で
行ったほうがいいみたいです。

2 ラップで頭と体を作る

ご飯の粗熱が取れてから
ラップに移して
ある程度の形を整えていきます。
あまりぎゅうぎゅうに固めない
ほうが後で形を整えるときに楽かも。

形を整える 3

お弁当箱にご飯を移し、
スプーンを水で濡らしながら
へらの様に使って形を整えていきます。
ふなっしーらしさを出すために
腕のようなものも作ってみました。

4 顔を作る

キッチンばさみや
デザインカッター
（細かい細工ができるもの、
料理専用に用意）で
板海苔で目、まつげ、
口のラインを作っていきます。
ちょっと根気がいる作業です。

5 仕上げ

胸のリボンと口の中の赤は、
赤パプリカを刻んで
軽く茹でた物を乗せています。
ケチャップやマヨネーズを
糊代わりにすると
お弁当箱の中で安定します。

頭の葉っぱは、枝豆に
折ったスパゲティで芯を作り
刺しています。
ほっぺはケチャップを
チョンチョンと、
最後にお弁当箱の隙間に
おかずを詰め込んで完成です！

ふなっしー弁当完成！

ふなっしーすごろく

START
梨の妖精として
妖精界に生まれる

地上界に行けと
指示される。
3コマ進む。

YouTube用の
動画の編集に
手こずる。
1回休み。

船橋とまちがえて
市川に着いてしまう。
2コマ戻る。

船橋市役所に訪問するも
すげなく断られる。
次の番まで落ち込んだ
ポーズで過ごす。

YouTubeに動画を
アップするために
アクションの練習をする。
その場でスクワット10回。

急遽、一日店長の仕事が
来てヒャッハーする。
4コマ進む。

船橋各所のイベントに
売り込みに行くも
断られてしまい、
仕方なく自主的に
お手伝いを敢行する。

船橋の梨PRイベントが
あるにもかかわらず
呼ばれなかったので、
自主的に突撃。他の
プレイヤーに苦笑いされること。

大阪にて、初の大型イベント出演。完全アウェイの中で注目を集めまくる。このコマに止まった人は「ヒャッハー！梨汁ブシャー！」と暴れること。

キャラサッカー大会に出場することが決定、対決することになる。なんでもいいからリフティング5回クリアするまで先に進めない。

キャラプロレスに参加、他のキャラたちと名勝負を繰り広げる。疲れて1回休み。

非公式ながら市民まつりにボランティアとして参加する。

梨エキスが足りない！急いで船橋産の梨を買いに行くこと。

ラジオ初出演。ゲストにもかかわらずドロップキックを食らう。このコマに止まったものは右隣の人にデコピンを受ける。

清涼飲料水のCMに抜擢される。船橋に向かって一礼。

テレビ番組に出演し、相撲対決で豪快に投げられる。1回休み。

次々とテレビに出演するようになり、知名度がアップ。全国への遠征が増える。ふなっしーの辛さを知るために、次の番が来るまで空気椅子に挑戦。

世界進出を企むために空港に向かうが、身体検査で引っかかる。サイコロの目が2、4、6、の場合は先に進むことができる。1、3、5の場合は6コマ戻る。

GOAL

日本を代表するご当地キャラとして天下を取る

おめでとなっしー！

三番瀬海浜公園

船橋いいとこ
一度は来るなっしー！

ヒャッハーーー!

FUNABASHI RACE TRACK
船橋ケイバ
東日本大震災復興支援競馬
FUNABASHI RACE TRACK
www.f-keiba.com
マザウェイズ
禁煙
船橋競馬場

救助袋

もつ焼き
味自慢
1串¥150

幸運のキャロッタ像
輝くキャロッタをなでながら念じれば
幸運が舞い込むかも!?

水濡
注意

発売・払戻

発売・払戻
TICKET/REFUND
水滴注意
発売・払戻
ふなっしー

おとなになってから
たのしむなっしー
ヒャッハー!!

お馬さん見てるだけで
幸せになるなっしー

今回 7月15.16.17
8月5.6.7

ここは
禁煙

二宮神社《にのみやじんじゃ》

二宮神社社務所
ふな

納
奉
平成十八年十二月吉日
下総 三山の七年祭り
千葉県指定無形民俗文化
ふなっしー
賽銭箱

神様、
みんなが笑顔に
なれますようになっしー

二宮神社社務所

二宮神社
祈願

鷹匠橋《たかじょうばし》

おせわになったみなさま

三番瀬海浜公園のみなさま

銭湯 宮《みや》の湯《ゆ》のみなさま

二宮神社《にのみやじんじゃ》のみなさま

二米園《ふたよねえん》のみなさま

いぬくん

ふなばしアンデルセン公園のみなさま

お馬さん

ヤギさん

船橋競馬場のみなさま

船橋市のみなさま

みんな
ありがと
なっしー

ふなっしーの本《ほん》なっしー!!

著者　ふなっしー

2013年9月20日初版発行
2014年5月10日五版発行

発行者　佐藤 忍
発行所　株式会社 KADOKAWA　http://www.kadokawa.co.jp/
企画・編集　富士見書房　http://fujimishobo.jp
〒102-8177
東京都千代田区富士見2-13-3
電話　03-3238-8591(編集)
03-3238-8535(営業)

編集　宮﨑佐智子(富士見書房)
田中尚道(クリエンタ)
編集協力　鶴岡八幡／蘿蔔なずな／らいらい
ブックデザイン　有限会社フリーウェイ(しおん／ふもっしー／Ryosyu／姉凸／さと／ミズ／いそっち／めがね／しょーこ／まさと)
写真　後藤利江／宮川朋久
印刷・製本　大日本印刷

ISBN978-4-04-071034-1　C0076